15-

William Wolfensberger

Lieder aus einer kleinen Stadt

Verlegt bei Schulthess & Co. / Zürich

Buchschmuck von Fritz Wettler

Unveränderter Nachdruck der 2. Auflage 1925
© Schulthess Polygraphischer Verlag AG, Zürich, 1976
ISBN 3 7255 1746 0

Das Städtchen

Du spiegelst dich im alten Rhein,
Der lässig seine Wasser staut,
Mit hellen Fenstern guckst du drein
Und lächelst in die Flut hinein,
Der du so oft mißtraut.

Du schaust als wie ein Angesicht,
Das furchig ward ob Zeit und Tat,
Dein Auge nur blieb jung und licht,
Draus eine tiefe Seele spricht,
Die sich gefunden hat.

Der Hafen

Im Halbkreis lehnen deine Zinnen
Und armen alle Dächer ein,
Als dürfe dir nicht eins entrinnen,
Du wolltest Schutz und Wehre sein.

Bist wie ein Hafen, der verborgen
Schon manchen schützte, der verzagt;
Den Segler, der noch harrt auf morgen,
Den Kreuzer, den der Sturm gejagt.

Vorfrühling

Der Nachbar kratzt die Starenkäften aus
Und putzt den lauten Gäften fromm das Haus.

Er flucht dazu daß Gotterbarm fo fchwer:
Sie fraßen letztes Jahr den Kirfchbaum leer!

Er hept und ruft der Frau vom Baum herab:
Die Leiter halt mir ficher in der Hab!

Sie fchimpft herauf mit zornentbranntem Mund:
Ich halte fie fchon mehr als eine Stund!

Der Nachbar kratzt die Starenkäften fein...
Es fchwatzt und ruft... Zog fchon ein Pärlein ein?

Märzfonne leuchtet launig durchs Geäft,
Am Kirfchbaum wird die Knofpenhülle feft.

3

Bald

Es raſt der Föhn den Berg entlang
Und wuchtet warm am ſteilen Hang.

Er ſchüttelt wütig jeden Baum:
He du, was ſtehſt du noch im Traum?

Er weckt die Bäume und das Gras,
Die fragen ſich: Verſtehſt du was?

Der Alte trank den Kopf ſich heiß
Und wankt nun heim von ſeiner Reis!

Sie ſchlafen wieder. Durch den Wald
Der Föhn gröhlt ſchwer ſein Wörtlein «bald».

Ob all dem Lärm ſind über Nacht
Die Himmelsſchlüſſel aufgewacht.

Erwartung

Die Nacht ist schwül, noch schwüler als der Tag,
Und Strauch und Zweig rührt nicht ein leiser Odem.
Nur durch die Wiesen, schwer durch Busch und Hag
Verborgen, zieht des Frühlings dumpfer Brodem.

Die Nacht ist schwül. Die Blätter zittern kaum.
Betörend liegt ein Wohlgeruch auf Wegen.
Und knospenschwer im Garten sinnt der Baum
Und träumt dem Blust und seiner Frucht entgegen.

Werden

Der Regen ſtrömte durch die Nacht
Und hat ein dunkles Lied geraunt,
Am Morgen ſtand der Baum erwacht,
Der geſtern noch ſo ſtarr geſtaunt.

Was ſich zur Blüte ſpreiten will,
Stieg ſcheu aus dunkler Nächte Hut
Und öffnet ſich im Lichte ſtill,
O Seele, faſſe wieder Mut.

Ueber Nacht

Es stand im Fahr ein Apfelbaum,
Er stand ganz nah am Rhein,
Der hatte einen schweren Traum:
Er sah sich spindeldürre sein,
Kein Blättlein wollte mehr gedeihn
Auf Ast und Zweig im Traum.

Er spürte heiß des Sommers Glut,
Die sein Geäst versengt,
Er fühlte dörren Saft und Blut,
Daß stockend sich sein Atem drängt,
Er war zu Tode eingeengt
Von dieser Sonnenglut.

Da fuhr er auf aus seinem Traum
Und schaute wie verklärt,
Er staunte und verstand es kaum

Was ihm der Frühlingsföhn beschert:
Sein ganz Geäst, von Glut verzehrt,
War aufgeblüht im Traum.

Frühling

Die Kirsche blühte auf im Föhn,
Sie holte nachts ihr Feierkleid
Und hängt es um, daß stolz und schön
Ihr Blust in Land und Herzen mait.

Die Birne schaute scheel und kühl
Zur festbetörten Nachbarin,
Da steigt auch ihr schon heiß und schwül
Der Mai, der Mai durch Haupt und Sinn.

Es schwirrt die Meise und der Fink,
Der Spatz schwatzt wichtig neben drein,
Es ist ein gar gewaltig Ding,
Der Frühling will geschaffen sein!

Der Apfelbaum stand so vergrämt
Und knorrte kahl nach altem Brauch,

Zuletzt murrt er, zwar halb verschämt:
Wenn alles mait, so mai ich auch!

Und schämig blüht auch er nun still,
Ob noch so alt, – es liegt am Mai!
Der Brombeerbusch, der nichts mehr will
Als dornig sein, grünt auf dabei.

Ob hundert Mal durch's Städtlein träumt
Ein alter Traum in Hof und Haus,
Selbst an der Pfarrhausmauer keimt
Ein üppig Unkräutlein heraus.

Mai

Nun blüht in deinen Gärten
Es wie ein Wunder still.
Auf abertausend Fährten
Der Lenz zum Himmel will.

Und Gassen schaun und Giebel
So eigen jung mich an,
Des Lebens schlichte Fibel
Ward wieder aufgetan.

Und ob du viel erfahren,
Dir wird so jung zu Sinn,
Selbst nach den grauen Haaren
Flockt noch ein Blüstlein hin.

Bedrückende Fülle

Als rings die helle Maiennacht
Ließ leuchten ihre Blüten,
Da ist mein Herz mir aufgewacht,
Ich konnt' es nicht mehr hüten.

Es riß die Hülle gar entzwei,
Da war kein Damm und Halten,
Und wollte aller Hemmung frei
Einmal sein Blust entfalten.

Nun kreist es immer toller drin,
Alltag wird es mir bunter,
O Herz mein Herz, wo soll's denn hin,
Du scheues Blütenwunder?

In der Frühe

Früh am Morgen zu den Brunnen
Tiere läuten ganz gemach,
Und noch halb vom Traum umsponnen
Wird das Städtlein mählich wach.

Weiß nicht, was so sehr will locken,
Weiß nicht, was das Herz denn will,
Aus der Ferne hör ich's glocken
Und die Stadt liegt heimwehstill.

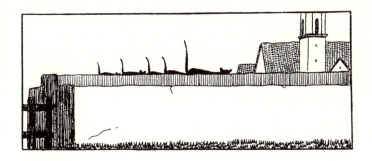

Idyll

Der Sonntagfrieden hält es weich umfangen,
Das Städtlein liegt im Morgenlicht.
O Sommertag, wie bift du aufgegangen
Als eine Braut, fo keufch und fchlicht.

Und ftill verklärt kommt fcheu der Rhein gefloffen,
Ihm wird fo fromm und weich zu Mut,
Er hütet fich, die Andacht nicht zu ftoßen,
Die züchtig um fein Städtlein ruht.

Im Morgenfchimmer, mit vier kleinen Kätzchen
Spaziert der Jungfer Mina Miez.
Sie proben auf der Mauer ihre Tätzchen,
Vier Schwänzlein ftehen Spitz an Spitz.

Das Morgenkletterpensum wird erledigt,
Sie kehren um mit steilgehobnem Schwanz.
Vom Turme läutet es zur Morgenpredigt,
Hell strahlt der Tag im Sonntagsglanz.

Korn und Wein

Am Buchberg blühn die Reben,
Es duftet durch die laue Nacht,
Die Wohlgerüche schweben
Als sei des Weines Leben
In diesem Dufte schon erwacht.

Die Reben blühn am Hange,
Süß weht es zu dem Kornfeld hin:
Ob sie gezögert lange
Die Aehre folgt dem Drange,
Sie blüht, betört in ihrem Sinn.

Und ineinander schweben,
Ineins die Düfte sonder Zahl,
Und leise will sich heben
Geheimnisvolles Leben
Aus diesem blühenden Abendmahl.

Juninacht

Der Abend im Verblassen
Rief lichtermüd die Nacht herauf
Und ihre Hände lassen
Den schwarzen Schleppen freien Lauf.

Sie decken rings im Lande
Umschattend jedes Lichtlein zu,
Was je im Lichtgewande
Begehrt jetzt still nur Ruh, nur Ruh.

Groß ob der Erde feiert
Die Nacht in stiller Herrlichkeit,
Und nur ein Nebel schleiert
Im Grunde wie ein scheues Leid.

Blühender Garten

Mein Garten kam ins Blühen
Die Rosenzeit ist da,
Weiß falb und gelb, ein Glühen
Wie nie ich eines sah.

Es stahl ein junger Morgen
Sich in den Garten ein,
Er muß fürwahr verborgen
Ein heimlich Denkmal sein.

Noch nächstens, tief im Dunkel,
Scheint seine helle Pracht,
Als wie ein Lichtgefunkel
Blühn Rosen in der Nacht.

Gleich wie ein Herz der Fülle,
Dem früh der Tag zerrann,
In Leid und Dunkel stille
Das Blühn nicht lassen kann.

Alte Liebe

Mein Städtlein ist ein Zauberort,
Ich glaub, der Rhein kennt manchen Traum...
Er kommt und kommt fast nicht mehr fort
Und hält sich an dem Ufersaum.

Er flüstert zu dem Städtlein auf:
Du bist die letzte Lieb mein Kind,
Eh ich vom müden, weiten Lauf
Im See nun endlich Ruhe find.

Das Städtlein lächelt alt und fein:
Hast manche schon vor mir umarmt,
Und manche kommt noch hintendrein,
Darob dein altes Herz erwarmt!

Er flüstert und schmiegt sich herzu:
Einst war ich jung... weißt du es noch...?

Jetzt bin ich alt und müd wie du
Und treib gebändigt in dem Joch.

Und leiser kommt es, müd verträumt:
Ich weiß ... ich weiß ... du warst so wild,
Du hast mit Lieb mich überschäumt,
Doch oft war sie mehr Last als Schild.

Es rauscht am Strand der alte Rhein,
Es flüstern Zwei von Zeit und Welt,
Wie schwer es sei sich treu zu sein,
Wie Liebe schlägt, wie Liebe hält.

Mittag

Die Sonne prallt auf Platz und Hof,
Die Häuser nicken vor sich hin,
Das Alter will nun seinen Schlof,
Ob jung das Herz, schwer ward der Sinn.

Der Apothekerhund sieht's ein
Und sucht sich einen Schattenschluff,
Ein Torfgespann schleicht müd herein,
Es schläft der Fuhrmann oben druff.

Vom Fahr bis hin zum Sonnenfeld
Gibt jeder der Natur den Zoll,
Der Kirchturm selbst mit Mühe hält
Die leiden Viertelstunden voll.

Doch endlich mit erlöstem Schnauf
Dröhnt er die Stunde dem Verein,
Da fährt das Rathausglöcklein auf
Und bellert pflichtig hintendrein.

Krumme Wege

Hinterm Markte gehen
Die Gassen bogenum,
In den Gassen stehen
Häuslein schief und krumm.

Abends in den Ecken
Sei manch dunkler Platz,
Daß er müßt erschrecken,
Sagt der schlaue Schatz.

Drum zum Biberhölzli
Geht man weil es will
Dieses Lumpenpelzli,
Schatz, mein Schatz sei still!

Leis die Wipfel rauschen,
Stille staunt die Nacht,

Dieser Stille lauschen
Mußt jetzt fein und sacht.

Heimwärts wird dann leise
In die Gaß gereist,
Denn des Nachts auf Reise
Geht der Böse, weißt.

Mußt dicht an mir gehen,
Aber fein und stumm,
Hinterm Markte stehen
Alle Häuslein krumm...

Die versöhnten Glocken

Die Kirchenglocke schlägt die Stund,
Das Rathausglöcklein sekundiert,
Die Zeit wird durch den Doppelmund
Der Menschheit doppelt stets serviert.

Die Kirche dröhnt voll Ernst und Macht:
Es flieht die Stund, o Mensch, hab acht!
Vom Glück bestund noch keins, noch keins,
Not tut nur eins, nur eins!

Das Rathausglöcklein scherbelt frech:
«Das Leben geht nach Glück und Pech!
«Nach Lieb und Gold im Einerlei
«Jagt alle Welt zu Zwei!»

Es mahnt die goldne Kirchenuhr:
O folge deinem Herzen nur!

19

Ob schwer der Weg zum Einen sei,
Gott ist im Einen . . . drei!

Da spöttelt es vom Rathaus her:
«Ob eins, ob drei, mach kein Gesicher!
«Ganz Pflicht zu sein gilt groß vor mir,
«Acht auf die Stunde! Vier!»

Die Kirche ruft die Achtung an:
Mit Pflicht allein ist's nicht getan!
Die Ewigkeit streicht deine Trümpf
Aus Pflicht und Werken. Fünf!

Doch drüben ist man noch nicht matt:
«Ich meine doch, groß sei die Tat.
«Das Leben wird ein recht Gewächs
«Allein durch Taten! Sechs!»

Wer gibt den Mut zu rechter Tat?
Es bricht die Kraft, es bleibt die Gnad.
Nun weist der Zeiger schon nach drüben.
Es rückt die Stunde. Sieben!

«Es ist in rechter Tat und Pflicht
«Ein Element, das laß ich nicht:
«Die Treue, die des Höchsten wacht,
«So spricht das Rathaus. Acht!»

Nun wohl, ich kannte dich ja schon,
Du bist zwar ein mißratner Sohn.
Allein zuletzt muß ich mich freun
An deinem Ernste. Neun!

«Du bist recht gnädig. Diese Art
«Hast du mit Pomp stets offenbart!
«Zwar kritteln, ich will es gestehn,
«Lag stets mir recht. 's ist Zehn!»

Was bin ich selber? Menschenbau!
Doch nach der Ewigkeit ich schau,
Daß Gott in Gnad mir selber helf
Ruf ich mit Macht um Elf!

«Es steigt aus Zeit und Not und Leid
«Gelassen groß die Ewigkeit.
«Hält Welt und Mensch und Höllenmacht
«Umarmt um Mitternacht!»

Und Kirchenuhr wie Rathausklang,
Die sich bekämpft den ganzen Tag,
Vereinten sich zum selben Gang
Am selben Ziel beim Zwölfuhrschlag.

Sonntagsbesuch

Vom Bodensee in stolzem Lauf
Ein Schiff fuhr wichtig rauschend an,
Drei Blechmusiken sind darauf
Und Volk so viel es halten kann.

Und stolz zieht diese Schmetterzunft
Mit Schweiß und Bumrassa die Bahn,
Der Möhrli nur ist für Vernunft
Und bauzt die Musikanten an.

Dahinter, mancherleigestalt
Lacht, schwißt und kreischt der Schiffsbesuch.
Doch vor dem Löwen macht man Halt
Und hißt das liebe Schweizertuch.

Es blechmusikt hell aus der Post,
Im Hecht dröhnt eine nebendran,

Es riecht von Bier und Birnenmost,
Die Pausen spielt ein Orgelmann.

Doch abends um die Sechse hornt
Das Schiff den alten Rhein hinab,
Der Dirigent zur Abfahrt spornt
Nochmals die Blechmusik in Trab.

Dann wird es still. Im Abendschein
Mein Städtlein schaut fast wie verzagt,
Fast wie ein traut Großmütterlein,
Das andre Enkel aufgejagt.

Vögel

Gewitterregen klatfcht auf Dach und Zinnen,
Die fchweren Tropfen fchnellen auf der Straße,
Es gurgelt blechern in des Daches Rinnen
Und überftürzt den Segen auf die Gaffe.

Man fcheut nun einmal eine rechte Schütte,
Kein Bein ift fichtbar. Unterm Dache hocken
Die Spaßen und verhöhnen diefe Weltenhütte
Und fchimpfen über die verwafchnen Brocken.

Ein Kind fpaziert mit feinem Regendache
Die Gaißgaß ab und fingt aus voller Kehle.
Barfuß tritt es vergnügt in jede Lache
Und fingt: «Lobt froh den Herrn» mit ganzer Seele.

21

Klage

Beim Pfarrhof ist ein Laubengang
Umrankt vom wilden Wein,
Dort klang es ein paar Wochen lang
So traut und fein von Amselsang
Bis in den Mai hinein.

Weiß nicht warum es nur so kam,
Daß sie kein Nest gewagt
Und ihren Flug ins Weite nahm
Und aus der Ferne wundersam
Ihr Heimwehlied geklagt.

Es träumt der alte Laubengang
Umrankt vom wilden Wein,
O Amselschlag, wie klingst du bang,
Es zittert mir dein wunder Sang
Bis in die Nacht hinein.

August

Im Sonnenfelde reift das Korn,
Das ist ein heimlich golden Leben,
Von Glut und Glast schon tief gebeugt
Kann sich die Aehre nimmer heben.

Kein Lüftlein scheucht die schwüle Last,
Mein Städtlein träumt für sich verlassen.
Zwei Schmetterlinge gaukeln sacht
Vom Feld herein durch leere Gassen.

Verspätetes Blust

Fürwahr du haſt ein elend Blust,
Das macht dich ſiech, du alter Baum!
Die Früchte ründen im Auguſt,
Was ſoll dein ſpäter Blütentraum?

Warſt du ſo ſtark, daß fruchtbeſchwert
Ein Zweig an dir noch Knoſpen trieb?
Trugſt du die Laſt, weil unbegehrt
Dir dieſes ſpäte Blühen blieb?

Sonntagmorgen

In das holzgeschnitzte Kirchlein
Sonne bricht durch bunte Scheiben,
Sonne spielt im kleinen Chore,
Gläubig wartet die Gemeinde.

Schweigen lauscht in Chor und Kirche,
Schwebend quillt ein licht Adagio,
Mit gesenktem Haupt zur Kanzel
Aus dem Chore steigt der Priester.

Zu dem Fenster bei der Kanzel
Dreist und wichtig flog ein Finklein,
Stand ein bischen auf die Zehen,
Und es piepste durch die Scheiben:

Bin ein tiri-li vergnüglich
Sorgenloses Pfeifertierlein,
Möchte wissen, was da drinnen
Ihr für schwere Sachen sinnet?

Bin des tiri-li gelobten
Herrgotts allernächst Verwandter,
Bloß die Taube steht ihm näher,
Aber nah steh ich der Taube!

Aber wissen, traun, das möcht ich,
Wer da drinnen wird begraben,
Daß am tiri-li so hellen
Sonntag Menschen also sinnen?

Jäh flog da das freche Finklein
Ganz erschrocken in den Wipfel,
Drinnen brauste es gewaltig:
«Morgenglanz der Ewigkeiten ...»

Magd am Marienbrunnen

Ganz einsam auf dem weiten, kahlen Platz
Am Brunnen unsre liebe Fraue thront.
Im Häuslein gegenüber aber wohnt
Mein Herzensschatz.

Beim Wasserholen bete ich zu ihr:
Hilf Frau Marie, Gebenedeite, gib!
Dort drüben wohnt, der mir von Herzen lieb,
Ach schenk ihn mir!

Sommerabend

Nun ist der heiße Tag verglüht,
Frisch weht es her vom alten Rhein,
Und von den Feldern mählich zieht
In dich des Abends Kühle ein.

Still wird die Gasse und das Tor,
Ein Kammerfenster schließt sich sacht,
Von Ferne dringt der Frösche Chor
Geschwätzig durch die helle Nacht.

Noch trug der Wind vom Wiesenhang
Ein halbverklungen Mägdelied.
Dann klingt in dir als stiller Sang
Nur deiner Brunnen uralt Lied.

Brunnensang

Manchmal aus Nacht und Traum empor
Gepeinigt muß ich lauschen,
Vom Kirchenplatz am Gartentor
Hör ich den Brunnen rauschen.

Aus Nacht und tiefem Traum empor
Manchmal will es so klingen,
Als wenn in der Verdammten Chor
Ein Englein wollte singen.

Mutter Gottes am Brunnen

Am Kirchlein das Marienbild
Schaut nach dem Torplatz regungslos,
Die hohe Fraue lächelt mild
Und hält ihr heilig Kind im Schoß.

Ihr Auge hin zum Brunnen blickt,
Der grau und alt am Platze steht,
Von seinem Brunnenhaupt geschmückt
Rot die Geraniumranke weht.

Tagein, tagaus am Brunnenrand
Hängt eine laute Kinderschar,
Es jauchzt hellauf und zornentbrannt
Fährt sich das kleine Volk ins Haar.

Die hohe Fraue oft erschrickt
Und hält voll Angst ihr Kind im Schoß,
Das Brunnenhaupt verschlafen blickt
Und plätschert ruhig darauf los.

* * *

Doch nächstens, wenn im Mondenschein
Der Kirchplatz ganz verlassen träumt,
Dann schaut sie schnell straßauf, gaßein
Und geht ans Werk dann unversäumt:

Weil sie vom Thron zum Brunnen will
Läßt sie ihr himmlisch Kind allein,
Sie mahnt: «Nun sitz mir aber still,
Ich will grad wieder bei dir sein!»

Leichtfüßig, mädchenhaft gewandt
Läuft sie davon, ein lieblich Bild,
Sie trägt ihr Krönlein in der Hand,
Der Tag war heiß, die Nacht ist mild.

Und königlich gerafft das Kleid
Trinkt durstig sie vom Brunnenmund,
Es blitzt des Krönleins Goldgeschmeid
Vom Brunnenrande bis zum Grund.

Dann bricht sie sich ganz unerlaubt
Ein Blümlein vom bekränzten Knauf,
Tippt sachte an das Brunnenhaupt
Und warnt: Paß zu den Kindern auf!

Du träumst zu viel im Sonnenschein,
Paß auf und hüt die Kinderschar!
Ergebenst knickt der Brunnen ein
Und schielt nach ihrem Lockenhaar.

Sie wirft noch einen Frauenblick
Ihm zu, und schon ist sie davon.
Doch kehrt sie wiederum zurück:
Das Krönlein muß mit auf den Thron!

Das Himmelsbüblein schmiegt in Huld
Sich an die hohe Mutter an
Und will zur Löhnung der Geduld
Die Blume in das Mäulchen han.

* * *

Am Kirchlein das Marienbild
Schaut auf den Torplatz regungslos,
Die hohe Fraue lächelt mild
Und hält ihr heilig Kind im Schoß.

Legende am Zollhaus

Es kam einmal von ungefähr
Christus der Herr von Gaißau her.

Er ging in Stille unerkannt
Und schlechtgewandet durch das Land.

Da sah er einen Schmetterling,
Der mit zerbrochnem Flügel hing.

Mitleidig kniet er in den Weg
Und löst ihn aus dem Dorngeheg.

Er barg ihn sorgsam in der Hand
Und sah zu ihm dann unverwandt.

Er sah die kleine Passion
Und sprach: «Ich heile dich davon.

«In meiner Hand darf elend sein
«Auch nicht das ärmste Fälterlein.»

Er hauchte ihm den Staub hinweg
Und richtet ihm den Flügel zweg.

Des Schmetterlinges Flügelpaar
Blißt funkengoldig wunderbar.

Dann sprach der Herr: «Nun fliege fort!»
Der Schmetterling blieb zitternd dort.

Und immer neu vom Fingerrand
Kroch er dem Herren in die Hand.

Der barg in hohler Faust ihn drin
Und kam damit zum Zollhaus hin.

Er wollte durch die hohle Brück
Noch in das Schweizerland ein Stück.

Da hielt ihn barsch der Zöllner an:
«Was zu verzollen, guter Mann?»

Arm stand er da im Bettlerkleid:
«Mein nenn ich nicht des Nagels breit.»

Der Zöllner blickte schiefgewandt:
«So öffne mir die rechte Hand!»

Da zuckt es um des Herrn Gesicht,
Hinstreckt er seine Hand ihm dicht.

Dann öffnete er jäh das Haus,
Da flog das Fälterlein heraus!

Der Zöllner schrickt und schaut gesteift,
Die Nase hat es ihm gestreift!

Dann fährt er los: «Du Narr und Tor,
«Was hältst du anderen was vor?»

Er kroch ertaubt ins Zöllnerhaus
Und schielte nach dem Fremdling aus.

Der Herr ging durch die dunkle Brück
Und schaute mitten drin zurück:

«Gott ward am Zollhaus Narr genannt
«Von Gaißau her ins Schweizerland.

«So werde an den Grenzen drum
«Der Menschen Weisheit Narrentum.

«Bis endlich sich der Schlagbaum hebt,
«Die Erde ganz zum Himmel strebt,

«Und an den Grenzen göttergleich
«So Land wie Land ein einig Reich.»

Auf der Burg

Das Städtlein steigt zum Burgplatz an,
Da stehn viel alte Bäume drauf,
Der Friedhof liegt grad nebendran,
Da liegen viele Träume drauf.

Es stehen die Platanen hoch
Und schatten tief die Bänke ein,
Da flüstert's spät am Abend noch,
Das Leben träumt den Traum zu Zwein.

Hell steht ob Burg und See die Nacht,
Es fröstelt in den Kronen drin,
Als ob sie aus dem Traum erwacht
Und schauen still zum Friedhof hin.

Kinderhände

Oft bin ich den Weg gegangen
Ohne viel zu sinnen,
Hab dem Alltag nachgehangen,
Pflicht trieb mich von hinnen.
Aber in der barschen Eile
Kam es mir entgegen:
Kleine Hände eine Weile
Wollten sich in meine legen.

Oft bin ich den Weg gegangen,
War in schweren Sorgen,
Weil der Himmel schier verhangen,
Sann das Aug nach morgen.
Sann wohl bange her und hin,
Kam zu keinem Ende,
Bis den sorgenschweren Sinn
Störten viele kleine Hände.

Kam ein Stücklein mitgeschritten,
Plauderte ein Weilchen,
Und um Tand und Trödel bitten
Mußt das flinke Mäulchen.
Übereins da scherzt ich mit,
Konnte nichts dagegen,
Ließ die Sorge, maß den Schritt
Sorgsam auf den schweren Wegen.

Und es ward die Hast zur Weile
Und zum Scherz die Sorgen,
Ohne Not und ohne Eile
Lockte wiederum das Morgen.
Was von Sand und Spiel gerannt
Hat den Tag bezwungen,
Kinderhand, du starke Hand,
Hält ein Zauber dich durchdrungen?

Der Kompenſationsweg

Haſt du die Rechnung herausbekommen,
Die wir geſtern nach Hauſe genommen?

Natürlich, ich hab ſie glatt gemacht,
Hätt ich den Aufſaß nur erdacht!

Willſt du, ſo leih ich dir mein Heft,
Du gibſt mir die Rechnung vom Kaffeegeſchäft.

Meine Rechnung klappte ſonſt tadellos,
Die Probe nur war mir zu groß...

Du änderſt am Aufſaß die Säße nur,
Dem Inhalt kommt niemand auf die Spur.

Schlugs ſchon vom Kirchturm? O, es reicht noch weit,
Er kommt ſtets nach der Rathauszeit!

33

Betzeit

Der Tag ist um, es dunkelt gar,
Durchs Städtlein läutet's Betzeitstund.
Es schwebt der Ton ob Markt und Fahr,
Von Haus zu Haus macht er die Rund.

Dann wird es still. Doch überm Rhein
Ein helles Glöcklein respondiert,
Es plaudert in die Nacht hinein
Und schweigt dann jäh als ob's geirrt,

Gleich einem Kinde, das im Traum
Schlaftrunken noch sein Mäulchen plagt
Und ganz verwirrt, es spürt es kaum,
Der Mutter sein Gebetlein sagt.

Jahrmarkt I

Auf der Kugelwies juchheit,
Kreischt und lacht das junge Blut,
Allweg ist die Jahrmarktzeit
'S Feinste was man jemals tut.

Wenn sich um den Fünfer krampft
Heiß die feste Kinderhand,
Und man Zuckerstengel mampft
Im verschmierten Festgewand.

Wenn man mit der Marie darf,
Ob man sie auch längst durchschaut,
Und die Lieb dem Sünder scharf
Hinterm heißen Öhrlein kraut.

Jahrmarkt II

Es orgelt und es tütet,
Der Jahrmarkt ist erwacht,
Die Julisonne brütet
In all die Kilbipracht.

Es dreht in alten Sielen
Ein müdes Karussell,
Der Orgler langt beim Spielen
Zum Bier auf dem Gestell.

Schon hier viel kleine Christen
Sieht man entzwei gestückt,
Es schaun die Idealisten
Vom Rößlein wie verzückt.

Doch manchem scheint es besser
Was anderes zu tun,
Er kauft ein gutes Messer
Und läßt die Wünsche ruhn.

Jahrmarkt III

Und ist der erste Tag vorbei,
Man ging zu Bett mit heißem Kopf,
Die Mutter lächelt still dabei
Und fährt durch einen wirren Schopf.

Indes lacht ewig junge Welt
Beim Jahrmarktshock froh im Verein,
Herz ist heut Trumpf und man bestellt!
Am Buchberg wuchs ein Beerliwein!

Und wenn er toll im Kopfe föhnt
Geht's heimwärts durch die Morgenluft,
Indes vom Rhein ein Windlein möhnt,
Das putzt die Stadt vom Bratenduft.

Der träumende Kirchturm

Vom Kirchturm, der stolz ins Städtlein schaut,
Dem ist was Kirchturmschweres mal geschehn:
Ihm träumt', ein Storchenpaar hätt frech gebaut
Ein Nest auf seines Kuppelknaufes Höhn!

Der arme Kirchturm stöhnt im Schlafe schwer,
Das Storchgeklapper schreckt sein Kirchturmblut.
Er wähnte, daß man nun und nimmermehr
Die Glocken höre ob der Storchenbrut!

Er rief dem Mesmer, der dies Weltgezücht,
Das frech auf seinem hohen Haupt gebaut,
Verjagen sollte; doch der tat es nicht
Und hat den Meister spöttisch angeschaut.

Da fuhr der Kirchturm aus dem Schlafe auf,
Nach seinem hohen Haupte griff er zag:
Es saß ein Finklein auf dem Kirchturmknauf
Und pfiff ein fröhlich Liedlein halb vor Tag!

Erleichtert, doch mit würdigem Geklöhn
Erwacht er ganz aus seinem schweren Traum;
Da scholl das Morgenläuten mit Gedröhn,
Erschrocken flog das Finklein auf den Baum.

Sterne

Ich tat heut einen schweren Lauf
Und schaute zu den Sternen auf.

Mein Stern, was zittert so dein Licht?
Sonst war voll Ruh dein Angesicht.

Ich suche Halt und Kraft bei dir,
Was zittert so und trübt dich schier?

Hat sie vielleicht nach dir gesehn,
Traf unser Blick sich in den Höhn?

Und zitterst nun, weil Liebe still
Sich noch in Sternen finden will?

Ueberfluß

O Tag, wie haſt du heute
Mich reich bedacht
Und eine Glückesbeute
Aus mir gemacht!

Iſt es, weil früh am Morgen
Die Amſel ſang
Und mir ihr Lied verborgen
Zur Kammer drang?

Iſt es, weil ohn' Erwarten
Ich es geſehn,
Daß immer noch im Garten
Viel Roſen ſtehn?

Du hast mit deinen Spenden
Mich reich bedacht
Und mich mit vollen Händen
Zum Kind gemacht.

Auch du

Nun ist der Tag vergangen,
Die laute Straße wurde still,
Und sacht mit scheuem Prangen
Die Dämm'rung kommt gegangen,
Die mild den Tag umfrieden will.

Mußt alles sinken lassen,
Mein Herz, in deinem tiefen Grund,
Und wie die lauten Straßen,
Die Tag und Lärm vergaßen,
So werde still auch du jetzund.

Vorherbst

Nun sucht dein müder Sommertag
Sich eine stille Ruh.
Herbstnebel hüllten Hang und Hag
Am Morgen leise zu.

Wie alles nun sich wenden will,
Geht leis verhärmt den Gang,
Du selber wirst so abendstill,
Wie ist der Weg so lang.

Weiß spinnt der Gram durch Busch und Hag,
All Ding sucht seine Ruh,
Weil sommermüd der Sommertag
Leis stirbt dem Herbste zu.

Heller Herbsttag

Die Sonnenblumen strahlen an den Hägen,
Sie schauen groß mit ihren Sonnenaugen
Und wenden sich dem falben Licht entgegen,
Ein letztes Leuchten in sich einzusaugen.

In Kronen spielt des Sommers Glanz noch immer,
Doch will des Sommers Glut ihm nicht mehr frommen.
Am Hang streicht Silberduft wie grauer Schimmer,
Der nächtens auf ein junges Haupt gekommen.

Das stille Haus

Es steht im Fahr ein vornehm Haus,
Die Fenster sind verschlossen,
Vor Jahren zog die Herrin aus,
Nun träumt es in den Park hinaus
Halb stolz und halb verstoßen.

Im wilden Garten prunkt der Mohn,
Er wuchert allerorten,
Er feuert hämisch wie zum Hohn,
Verwachsen sind seit Jahren schon
Die Wege an den Borden.

Du schaust wie eine Seele groß
Aus deiner Wildnis Grausen,
Die Tür und Tor der Welt verschloß,
Weil einst ein königlich Genoß
In ihr nicht wollte hausen.

Schwalben

Die Luft ist schwer und grau der Tag,
Kühl weht es durch die Gassen,
Ob Draht und First, in froher Klag,
Mit junger Brut, die fliegen mag,
Die Schwalbe will dich lassen:
Fi-fi-fi-fi-

Kaum war das Nest am Dach gebaut
Gings schon darin ans Brüten,
Was gestern noch herausgeschaut
Schon heute seinen Schwingen traut
Und mag das Nest nicht hüten:
Fi-fi-fi-fi-

O Welt, wie bist du groß und weit,
Die Unrast will mich drängen,
O weites Land, o Wanderzeit,

O Schwalbendrang, du Glück und Leid,
Du brennst in unsern Fängen:
Fi-fi-fi-fi-

Weiß nicht, was mir im Blute bebt,
Muß über Meer und Sunde.
Muß wieder wissen, wie sich's schwebt,
Ob irgendwo die Liebste lebt,
Ich bring vielleicht dir Kunde,
Fi-fi-fi-fi-

Denn übers Jahr, im Augenblick
Ich bau ob deinen Scheiben
Ein neues Nest, ein Wanderglück.
Bist du noch da? Kehr ich zurück?
Denn wer kann sein und bleiben?
Fi-fi-fi-fi-

Nachts

Der letzte Schritt verhallte dumpf im Tor,
Nun grauft das tiefe Schweigen allerorten,
Du horchst entsetzt mit angestrengtem Ohr,
Ob nicht im Dunkel etwas laut geworden.

Aus einer Kammer kläglich weint ein Kind.
Es klingt so trostlos in die Nacht verloren,
Als ob ein unerkannt Geschick es blind
Und mutterlos in diese Welt geboren,

Als sei auf eins verendet alle Welt,
Erloschen Hadern, Härmen, Leid und Lieben,
Und von der Erde, die der Tod gefällt,
Weinend ein schuldlos Kind zurückgeblieben.

Wende

Es flammt am Haus der wilde Wein
Und reift die dunkeln Dolden,
Ins Städtlein schlich der Nebel ein
Und morgen wird's noch kühler sein,
Die Welt ward reif und golden.

Weiß nicht warum das Herz sich härmt,
Ihm reifte früher Segen.
Das Blust, darum der Bien geschwärmt,
Ward schwere Frucht von Glut durchwärmt,
Kühl weht's nun von den Wegen.

Vineta

Wie hält dich der Novembermorgen
Mit seinen Nebeln so verhüllt,
Bist wie ein Mensch, der ganz von Sorgen
Und niegesagtem Gram erfüllt.

Der Strom singt seine kühle Weise,
Es klingt wie eine alte Mär,
Der Nebel zieht sie geisterleise
Durch Gassen, die von Menschen leer.

Bist wie Vineta, das ertrunken,
Durchflutet in der Wogen Hut,
Wie eine Seele, die versunken
Im Meere ihrer Sehnsucht ruht.

Abendlied

Nun liegt die Stadt verdunkelt,
Still wird's in dem Quartier,
Aus jedem Fenster funkelt
Ein goldig Licht herfür.
War Dunkel dir beschieden,
War Leid dir zugetan,
O Herz, mach nun den Frieden
Und fang zu leuchten an.

Umschattet liegen Gassen
Und Giebel weit herum,
In lichterlosen Straßen
Geht nun die Nachtmar um.
Doch innen ward es helle,
Die Fenster sind erwacht,
Wie eine goldne Welle
Strahlt es in diese Nacht.

Durchleuchtet wird von innen
Die Nacht, ob noch so dicht.
Verborgen im Beginnen
Wird doch die Straße licht.
Und war es dir beschieden
Daß dunkel Weg und Bahn,
O Herz, mach nun den Frieden
Und fang zu leuchten an.

Lichter

Hang und Höhen nachtumfangen,
Dunkel wurde Tal und Grund,
Aber als ich irrgegangen,
Sind viel Lichter aufgegangen,
Machten Stadt und Wege kund.

Einmal aus der Seele Grauen,
Aus der Irrnis, schwer und wund,
Wird sich Weg und Weisung bauen,
Werden hell und lieblich schauen
Lichter aus dem dunkeln Grund.

Winterbild

Die Spatzen tschilpen auf dem Fensterfims
Und streiten sich um einen Brocken: Nimm's!

Der Junge würgt sich fast zutod daran,
Sein Onkel wehrt den Feinden was er kann.

Die Häscher hacken auf den Onkel ein,
Er kreischt: Mein Jung, den Brocken laß nicht sein!

Der Neffe schwirrt hinab zum Tannenast,
Es kreischt die Schar ihm nach voll Wut und Hast.

Und leise stäubt Dezemberschnee vom Baum,
Am Fenster träumt ein Kindskopf einen Traum . . .

Advent

Der du kamst aus Ewigkeiten
Und entschrittest ihren Toren
Und in dunkle Erdenzeiten
Wurdst als niedrig Kind geboren;

Der du littest ohne Enden,
Daß es keinem, keinem fehle,
Und damit wir Ruhe fänden
Duldetest an deiner Seele:

Sieh uns jetzt die Arme breiten,
Kindervolk der dunkeln Erde,
Daß gleich dir aus Niedrigkeiten
Uns ein ewig Leuchten werde.

Weihnachtsmorgen

Das Städtlein liegt von Träumen schwer,
Das Christkind machte Wünsche still.
Gemach schlurpt nun vom Fahr einher
Der Mesmer, der zum Läuten will.

Es irrt ein Traum gaßauf und -ein,
O Herz, mein Herz, bist du schon wach?
Durch's Nebengäßlein schleicht allein
Die alte Res dem Milchmann nach.

Rheinfähre

Es geht eine Fähre über den Rhein,
Sie fährt herüber, holt herein
Den ganzen langen Tag.
Es rauscht der Strom sein schweres Lied,
Vom Städtlein nach dem Ennetbiet
Schafft sie was reisen mag.

Sie fährt am Morgen manchmal leer,
Am Abend ist die Barke schwer,
Das Wasser langt zum Rand.
Wen lang es bei der Kanne litt,
Von Lieb und Lärm und Arbeit schritt
Zuletzt man doch zum Strand.

He Fährmann, ho-i-ho hol ein!
Wir wollen endlich einmal heim,
Schnell ging uns Tag und Spaß!

Es legt die Fähre sicher an,
Die laute Schar, den stillen Mann
Fährt sie dieselbe Straß.

Es geht eine Fähre über den Fluß,
Wer wandern mag, wer wandern muß
Zum weiten Ennetort,
Wer in der kleinen Stadt geträumt,
Wer müdgeschafft, wer viel versäumt,
Sie schafft ihn sicher fort.

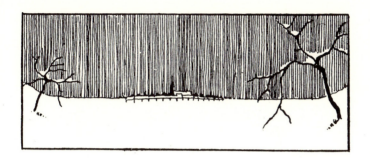

Silveſter

Nun geht ein Jahr zur Ruhe
Und ſtellt die Wanderſchuhe
Zertreten vor die Kammertür;
Es legt ſich müde nieder
Und um die welken Lider
Der Traum des Lebens ſpinnt herfür.

Iſt alles einſt erlitten,
Der Weg zu End geſchritten,
Kühl wirſt du, wie die Erde will:
Zum Schauen biſt gekommen,
Die Feuer ſind verglommen,
Es ſteht der Zeiger ſtill.

Mirakel

O Herz, wie bist aus Zwist und Streit
Du nur in Einklang kommen?
Du suchtest Lieb und fandest Leid,
Das mußt dir frommen.

Du wolltest dennoch Liebe han,
Hast dich dem Leid verbunden,
Als du das Leid nahmst zum Gespan
Warst du gebunden.

Und als das Herz fast stille stund,
War an das Leid verloren,
Da hat des Leides Muttergrund
Dir Gott geboren.

Du kleine Stadt . . .

Du kleine Stadt, ein Zauberkleid
Liegt dir ob Markt und Burg und Fluß,
Ist's, weil's in dir so oft gemalt,
Daß ich dich also lieben muß?

Ist es, weil du in Nöten groß
Des eignen Lebens Stand erzwängt,
Daß du dich wie ein treu Genoß
Mir so ins Herz hineingedrängt?

Ist es, weil du in Trutz und Wehr
Geschützt hast, was vom Weg verzagt,
Den Wandrer, der vom Tage sehr,
Den Kreuzer, den der Sturm gejagt?

LEBENSLAUF

William Wolfensberger wurde am 17. Juni 1889 in Hottingen geboren, das damals noch eine selbständige Gemeinde bildete, wenige Jahre später aber der Stadt Zürich einverleibt wurde. Mit Zürich fühlte er sich zeitlebens stark verbunden, und die Trennung von der geliebten Stadt bedeutete für ihn ein eigentliches Opfer.

Früh schon erwachte in Wolfensberger der Wunsch, Pfarrer zu werden, weshalb er auch die Sekundarschule verliess und ans Zürcher Gymnasium übertrat. Gegen Ende seiner Gymnasialzeit liessen innere und äussere Schwierigkeiten ihn eine Zeitlang in der Verfolgung dieses Zieles schwankend werden, doch wandte er sich nach einem ersten germanistischen Semester in fester Entschlossenheit — einer eigentlichen Berufung folgend — dem Studium der Theologie zu, obschon dieser Schritt zu einem tiefen Zerwürfnis mit seinem Vater führte und ihm das Elternhaus verschloss. Mühselig schlug er sich in den Jahren seines Studiums mit Stundengeben durch.

Seine erste Wirkungsstätte fand der junge Pfarrer in der Abgeschiedenheit des Münstertales, jenseits des Ofenpasses. In der ganzen Hingabe an seine drei kleinen Berggemeinden suchte er das Leid, das der Verlust des Elternhauses und eine grosse, aber unerwidert gebliebene Liebe ihm gebracht hatte, zu überwinden. Sein Wirken fand denn auch bei seinen Pfarrkindern in den ersten Zeiten einen dankbaren, ja begeisterten Widerhall. Seine intensive soziale Tätigkeit in der Gemeinde und sein entschiedenes Eintreten für die Interessen der Kleinen und Geringen zogen ihm dann aber die heftige Gegnerschaft einiger Dorfmagnaten zu, und an Weihnacht 1916, nach etwas mehr als zweieinhalb Jahren, musste Wolfensberger sein geliebtes Tal wieder verlassen. Diesen Verlust der Gemeinde, der er sein Bestes geschenkt hatte, trug er fortan als drittes Leid mit sich.

Nach einer recht schwierigen Zwischenzeit, die ihm neue Enttäuschungen bereitete, fand der Schiffbrüchige im Frühjahr 1917 in Rheineck einen schützenden Hafen. Unerwartet rasch wurde er heimisch in der kleinen Stadt am alten Rhein, und in den gut anderthalb Jahren, die er in Rheineck noch wirken durfte, kam es zu einer schönen Verbundenheit zwischen dem Pfarrer und seiner Gemeinde. Zugleich gelang ihm hier die innere Ueberwindung all des Schweren, das das Leben ihm gebracht hatte.

Früh regte sich in William Wolfensberger auch der Dichter, wovon zahlreiche Gedichte und eine ganze Reihe von Erzählungen aus seiner Gymnasialzeit und aus den Jahren seines theologischen Studiums Zeugnis ablegen. Vor allem waren es aber die Jahre von Fuldera, die seine Dichtkunst zur Entfaltung brachten. Seine schönsten Gedichte sind in der Einsamkeit seines Bergtals und im Erlebnis seiner herben Schönheit entstanden, und die guten wie die schlimmen Erfahrungen, die er mit seinen Bergbauern machte, haben in seinen Münstertaler Erzählungen ihren dichterischen Ausdruck gefunden. Im Jahre 1916 erschien Wolfensbergers Erstling — «Unseres Herrgotts Rebberg» —, der zwei

Dutzend kleinere Erzählungen vereinigte, die zur einen Hälfte noch aus seinen Studentenjahren stammten, zur anderen aber Früchte seines ersten Wirkens in Fuldera darstellten. An Weihnachten 1917 folgte, nachdem er inzwischen bereits in Rheineck Fuss gefasst hatte, das Bändchen «Religiöse Miniaturen» mit feinsinnigen Skizzen und Betrachtungen, nebst eingestreuten Gedichten und geistlichen Liedern. Bereits hatte Wolfensberger auch in Zeitungen und in religiösen Blättern eine grössere Anzahl von Gedichten veröffentlicht, die nach seinem Tode — wesentlich ergänzt aus dem Nachlass — in dem reichen Gedichtband «Kreuz und Krone» gesammelt wurden. Ferner ist in Rheineck innert Jahresfrist noch ein Zyklus von Gedichten — «Lieder aus einer kleinen Stadt» — entstanden, der bald nach dem Tod des Dichters zur Herausgabe gelangte; er selber hat auf seinem Sterbelager noch die Korrekturbogen zu diesem kleinen Buch in den Händen gehalten.

Aus dem Nachlass des Dichters konnten — ausser dem erwähnten Gedichtband — noch einige wichtige Werke veröffentlicht werden. So der starke Novellenband «Köpfe und Herzen», der Wolfensbergers reifste «Geschichten aus dem Hochtal» umschliesst. Bezeichnend für die Verbindung zarter Poesie und tiefer Religiosität in Wolfensbergers Dichtung sind die «Legenden», während das Bändchen «Narren der Liebe» neben einigen Erzählungen aus der Rheinecker Zeit treffliche «Weltliche Sätzlein zu geistlichen Dingen» enthält. Endlich wurden unter dem Titel «O Sonne! Betrachtungen über des Christen Wandel» in schönem Faksimiledruck die fünf Sonnen-Predigten herausgegeben, die der Pfarrer und Dichter im Sommer 1918 in Rheineck gehalten und in seiner feinen Handschrift für Fräulein Berta Reiser, seine mütterliche Freundin, niedergeschrieben hat.

Der Pfarrer und der Dichter bildeten bei Wolfensberger eine lebendige Einheit. Religion und Kunst standen für ihn in engem Bunde: seine Dichtung ist von tiefer Religiosität erfüllt und der Pfarrer verleugnete auch in seiner Verkündigung den Dichter nicht. Hinter beiden stand aber stets Wolfensbergers ganze Person, und diese kommt mit allem, was sie erfüllt und bewegt hat, gerade in seinem dichterischen Werk zu unmittelbarem Ausdruck.

William Wolfensberger stand mitten in seinem dreissigsten Lebensjahr, als die Grippe ihn am 6. Dezember 1918 hinwegraffte. Bei diesem frühen Sterben hat er kein fertiges, voll ausgereiftes Werk hinterlassen: was er in dieser kurzen Lebenszeit schaffen konnte, war mehr noch Verheissung als bereits schon Erfüllung. Seine ganze Person zeugte aber von einer solchen inneren Reife, dass sein frühes Ende zugleich eine frühe Vollendung bedeutete. Wolfensberger hat in seinem Leben bittere Enttäuschungen erlebt und schweres Leid erfahren; gerade in solchem Leid ist er aber gereift. So konnte er in einem seiner allerletzten Gedichte sagen: «Du suchtest Lieb und fandest Leid — das musst' dir frommen», und drei Monate vor seinem Tode sang er in seinem Abendlied frohgemut:

> War Dunkel dir beschieden,
> War Leid dir zugetan,
> O Herz, mach nun den Frieden
> Und fang zu leuchten an.

NACHWORT ZUR DRITTEN AUFLAGE 1976

William Wolfensberger hat mit diesen «Liedern aus einer kleinen Stadt» dem Städtchen Rheineck ein prächtiges lyrisches Geschenk gemacht. Er hat in meisterhafter Weise das Leben und die Stimmungen eingefangen. Damit der feine Humor und der tiefe Glaube von William Wolfensberger auch jüngeren Rheineckern Lebensmut und Heimatliebe vermitteln kann, hat die Evang.-reformierte Kirchenvorsteherschaft aus Anlass der Jubiläumsfeier «700 Jahre Stadt Rheineck» eine neue Auflage dieses Bändchens ermöglicht.

Druck und Aufmachung entsprechen den ersten beiden Auflagen. Da die Erinnerung an unsern Dichterpfarrer nur noch bei den älteren Gemeindegliedern wach ist, wurde ein kurzer Lebenslauf beigefügt.

Erwähnen möchten wir noch, dass William Wolfensberger mit diesem Bändchen zugleich zum Entdecker und Förderer von Fritz Wettler (1894—1974) wurde, indem er ihm die Illustrationen für seine Gedichte in Auftrag gab.

Rheineck, im Mai 1976

Evang.-reformierte Kirchenvorsteherschaft

Inhalt